ISBN 978-3-03731-129-5

© 2014 Verlag bbb Edition Moderne AG
Edition Moderne
Eglistrasse 8
CH - 8004 Zürich

post@editionmoderne.ch
www.editionmoderne.ch

Zeichnungen: Christophe Badoux
Text: Marcel Gamma
Buchproduktion: Nadja Zela
Druck: Druckerei Steinmeier GmbH & Co.KG / www.steinmeier.net

Der Verlag dankt dem Edition Moderne Fanclub:
Christoph Asper, Gerold & Gaby Basler-Bolle, Michael Bischof, Jörg Bradenahl, Thomas Eppinger, Jürgen Grashorn, Christian Greger, Wenzel Haller, Beatrice Hauri & Werner Beck, Hans-Joachim Hoeft, Stephan König, Claude Lengyel, Marius Leutenegger, Leif Lindtner, Erich Merk, Juan Ortega, Sara Plutino, Christian Schmidt-Neumann, Sequential Art Rostock, Johannes Seybert, Hartwig Thomas, René Zigerlig.

Stan The Hooligan online:
stanthehooligan.ch
facebook.com/stan.thehooligan
twitter.com/stanthehooligan

Zwischen Herbstdepression und Dorfpolizisten

Ein Verein, eine Kurve, eine Fahne

Herbstgefühle

Achtung! Kontrolle!

Stehplatzhirsch

Das erste Mal

Stan ist ein Hool!

Unterirdisch

In Køpenhøgøn

Die Zahlen und Fakten im Detail

25 Jahre und 92 Minuten
bangen, hoffen, albträumen

Stan? Stan??

Der spezielle Wunsch

Achtung!! Kontrolle!!

Abgründe

Das Letzte

Bewusstmachung unbewusster Vorgänge

Harte Zeiten
im Weichturm

Ist die Südkurve blöd?

Im Ausland daheim

Vorbei

Der Neue

Mässi!

Eine Stadt, ein Verein, 26 000 Sitzschalen

FC Herrliberg – FCZ 0 : 6

Männer!

Use!

Jalkapallo viisaus

Nachtunruhe

Letzi läbt ewig

Mailand – Nordkorea – Helvetiaplatz

Null-Null-Stan

QUANTUM OF

001 Titelsong gesungen von Poly Styrene: "Staaan the Hooligaaan, he's the man with the golden beercaaan. He has no licence to pyro, he has no license to daleo, but he don't fucking caaare."

- Null-Null-Stan! Deine Mission: Du musst den Hooligan-Überwachungssatelliten GAMMA zerstören!
- Die Südkurve hat speziell für dich einen visionären Raumanzug entwickelt.
- Biergranaten / Biertank A+B / Notvorrat

002 Was bisher geschah: Stan entdeckt im Archiv des SFV die Baupläne für einen atomaren Pyro-Abwehrschild, missachtet 10 Spielerfrauen von Bayern München und verführt die Braut eines Spielervermittlers.

- Null-Null-Stan, ready for take-off!
- Pyroreaktor gezündet.
- Ok! Daleo!
- FCZ
- Null-Null-Stan, mir wänd hütt en Sieg!

BADOUX+GAMMA

BEER

003 Was bisher geschah: Auf der Suche nach einem FCZ-Matchticker trifft Stan im Weltall die wunderschöne Cousine von John "Terror" Linford. Er lehrt sie, wie man mit Pyro einen romantischen Abend einleitet.

- Null-Null-Stan ruft Südkurve.
- Zielobjekt GAMMA in Sicht.
- ATTACKE!
- P P P SICHER FÜR ALLE P

004 Was bisher geschah: Null-Null-Stan entdeckt in der Sporttasche von Schiri Busacca etwas unglaublich verwerfliches, gemeines und FCZ-feindliches. Das Agentengelübde verdonnert Stan zum Schweigen (ja, das Objekt ist zerstört).

- Aargh! Röchel!
- Null-Null-Stan! Was ist los?
- Südkurve! I have a problem!
- Und? Wie ging der Traum weiter?
- Die Amateure haben mir alkfreies Bier mitgegeben.

Reisebüro Südkurve

PFUI — PYRO FANATIC ULTRAS INTERNATIONAL

"Nur die Ruhe Stan. Alles ist top organisiert. Im Extrazug geht das Bier sicher nicht aus."

"Nein, Stan, nein! Es gibt keine Reiseversicherung für Pyro!"

"Was? Und sonst geht's dir noch gut?"

"Ich habe keinen blassen Dunst, wo's in Mailand die besten Comic-Läden gibt!"

BADOUX+GAMMA

Ach diese Kinder!

Was spielt ihr denn?

Geisterspiele.

BADOUX+GAMMA

FCZ-Ökologie

Panel 1: Früher waren wir zu dieser Zeit bereits voll im Strichkampf.

Panel 2: Heute sind wir auf Meisterkurs und keiner spricht mehr von der FCZ-Herbstdepression.

Panel 3: Der Klimawandel macht vor nichts halt!

BADOUX+GAMMA

Nordkorea ist hier

Panel 1: He! Ich will auch!

Panel 2: Sorry Stan...

Panel 3: ...für einen Pixel bist du zu klein.

BADOUX+GAMMA

Der dritte Titel und der Bonus

Scheissnebel! Ich seh nicht mal mein Bier.

Nebel? Nebel? Nix Nebel!!!

So? Was ist denn das?

Pyrorekord!

BADOUX+GAMMA

SAISON 2009 2010

Ernstfall Erfolg

facebook.com/stan.thehooligan

Tschichaoui
facebook
ERROR
facebook
facebook
Shit! Schon wieder das Passwort vergessen.
BADOUX+GAMMA

Der Säulenheilige

Letzigrund 2010

Der Dalai Lama hat von Mitgefühl gesprochen.

Mitgefühl? Da ist die Südkurve Weltmeister!

Aus Dummheit, Naivität haben wir Menschen im Umgang miteinander Fehler gemacht.

Ich nicht!

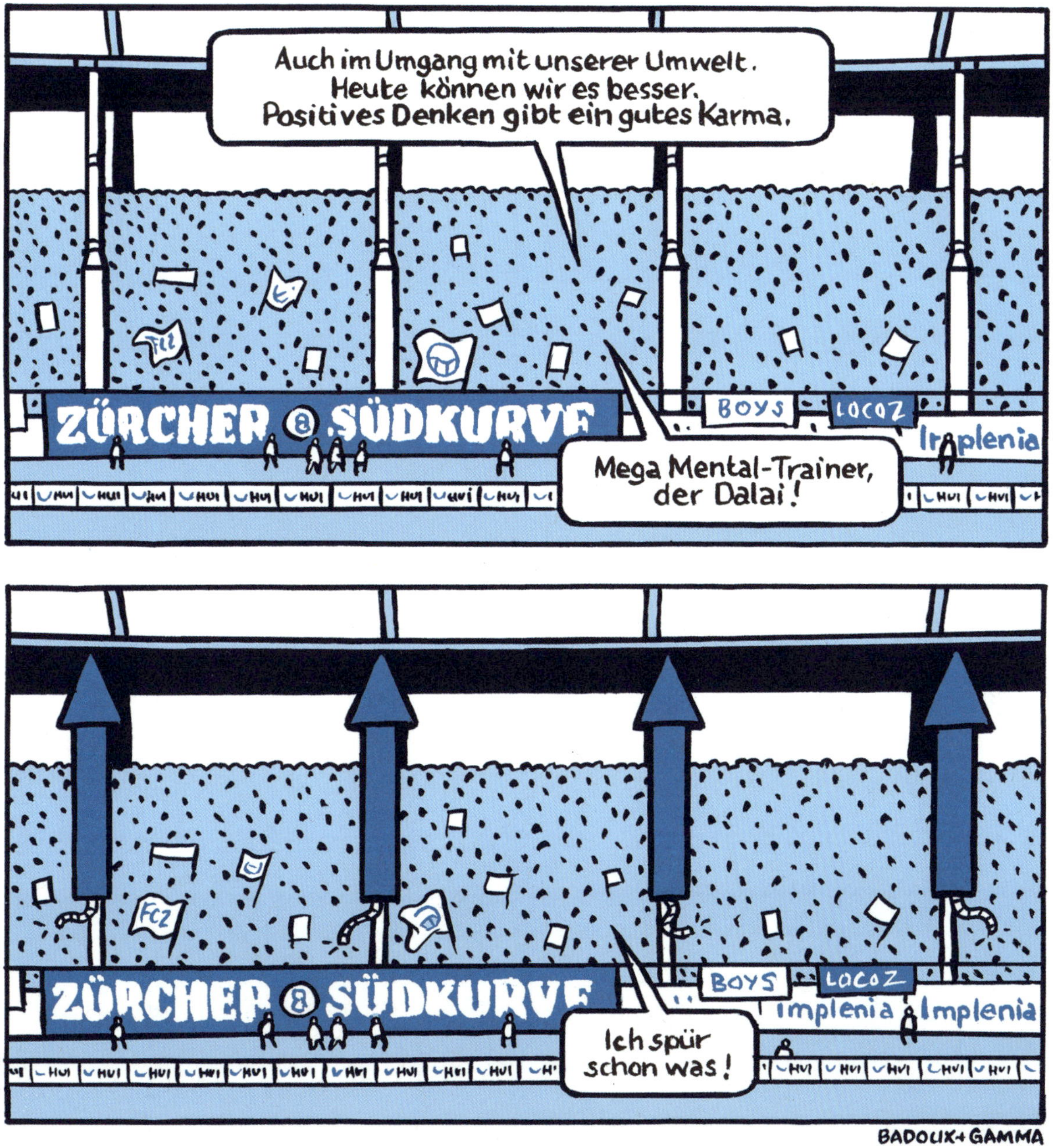
Auch im Umgang mit unserer Umwelt.
Heute können wir es besser.
Positives Denken gibt ein gutes Karma.
ZÜRCHER SÜDKURVE
BOYS
LOCO Z
Implenia
Mega Mental-Trainer, der Dalai!
ZÜRCHER SÜDKURVE
BOYS
LOCO Z
Implenia
Implenia
Ich spür schon was!
BADOUX+GAMMA

Am Sächsilüüte

...und hier kommt die Zunft der Patrons mit den FCZ-Spielern und den herzigen Letzikids...

...die Reiter galoppieren jetzt um den Böögg...

Göörps!

PFFii...PÄNG!

BÖMM!

Der Böögg ist Pyro für Amateure.

BADOUX+GAMMA

AC Milan – FCZ 0:1

Weltklasse, das Tor von Hannu gegen Milan!

Gigantisch! Mythisch! Galaktisch!

Ich hoffe nur, dass ihm das nicht zu Kopf steigt.

Dagegen gibt's ein Heilmittel.

Wir schenken ihm einen Deckel zum Kopfschutz.

SÜDKURVE

BADOUX+GAMMA

Der neue Bekannte

Hellingas Haargel
Versicherungspolice "Jakob Kuhn Vers."
JAKOB KUHN
Rasen+Tornetz Wankdorf 2000
Ikes ungebrauchter Goalie-Händsche
ZÜRICH
FCZ
Da ist er!
MÄSSI FISCHER
FCZ
BADOUX+GAMMA

Keuch, ächz, stöhn, hust!

Panel 1:
- Sodeli, meine Herren. Jetzt sind wir bald soweit.
- Stöhn!
- DEFIBRILLATOR

Panel 2:
- So jetzt! Nicht einpennen auf dem Platz!
- Hopp FCZ! Hustächz!!

Panel 3:
- Herr Hooligan? Ist das eigentlich Champions League oder Nati A?
- Heute ist Meisterschaft, Herr Prostata. Champions League ist in 4 Tagen.
- Chrr...

Panel 4:
- Jetzt trinken wir einen schönen Protein-Shake, Herr Prostata. Das tut uns gut bei der Dreifachbelastung.
- Mir geht's tipptopp Herr Hoolhustächz...
- Chrrrr Chrrrr...

BADOUX+GAMMA

Blau und wiiss sind euisi Farbe!

Panel 1: Ich will den Letzigrund komplett blau anmalen.

Panel 2: Soll ich besser "matt" oder "glanz" besorgen?

Panel 3:
- mattglanz!
- glanzmatt!
- Grr. Wieso tu ich mir das an? Wieso frag ich solche Dinge?
- Matt! Glänzen sollen sie auf dem Rasen.

Mässi an Dani Beck + Marc Delain. BADOUX+GAMMA

Experten unter sich

"Ich sag dir, ich bin ein extrem talentierter Fussballexperte. Ich treffe mit meinen Prognosen immer ins Schwarze!"

"Nimm zum Beispiel die Mannschaftsaufstellung von gestern."

"Da hatte ich 6 richtige!"

VORDERER STERNEN

BADOUX + GAMMA

SAISON 2010 2011

Verpasste Chancen und verqualmtes Geld

Halluzinationen

Ich halluziniere immer so seltsame Läden!

metzgerei künzli
SEXSHOP DALEO
Scharfe Würste
FCZ

stofftrucke
FC ZÜRICH
stofftrucke
stofftrucke
FCZ FANSHOP
Da! Ich halluziniere schon wieder!
BADOUX+GAMMA

Die Weihnachtsgeschichte (extended FCZ-Remix)

Panel 1:

Und siehe, des HERRN Engel trat zu ihnen, und die Klarheit des HERRN leuchtete um sie, und alle wussten sie nicht so recht,

Händ ue! Ich verkündige euch grosse Freude, die allem FCZ-Volk widerfahren wird, denn euch ist heute ER geboren.

Heliane?

Panel 2:

Und die Menge lauschte den Worten des Engels Heliane und ihre Verzückung wuchs ins Unermessliche.

Euch wurde heute ein Retter geboren, der ist Messias und DER Mega-Spielmacher!

Messi? Panchito? Jesus? Nicht der, du Depp!

Ein Sch-sch-sch-Spiel-m-m-acher? Wer? Wie? Wo?
Und sehet, ein Stern geht vor euch her, bis er über dem Ort steht, wo das Kindlein lieget.
Da! Da! Daleo!
Nach Westen? Seltsam.

> Und es geschah, dass sich alle aufmachten in das fremde Land zur Stadt der jungen Buben, die da heisst Bern Betlehem.

- Ob er wohl Pädu heisst?
- Ändu?
- Nicht Jesu?
- Nein, Deppu!

- In dem Block? Dort ist unser Spielmacher?
- Im 13. Stock!

- Oh, sieh nur die Mega-Stretch-Limo.
- Die drei dort kenne ich doch!

Und es waren drei Könige des Fussballs und sie frohlockten sehr. Sie gingen in das Haus, um dem Kind ihre Ehrerbietung zu erweisen und sich die Besitzrechte zu sichern.
Mist! Ferguson, Beckenbauer – und der da – ist Mourinho!

Und sie gingen eilends in das App. 13-666 und fanden Osayioniwabo und Rüedu und den Spielmacher, der gerade gewickelt wurde.
Nie! Nie wird ein Canepa dieses Kind verkaufen! Raus!
Weyder es Bier?

Oh diese Waden! Und die Füsse erst...
He! Und wir?
Oh. Aber... ER ist ein...
...Mädchen!
Und sehet, so erfüllte sich die Prophezeihung des heiligen Josef Blatter, wonach das Heil im Frauen-Fussball liegen werde.
???
???
???
BADOUX + GAMMA

Silvester

War gerade in der Migros legal Pyro kaufen.

Ein komisches Gefühl.

BADOUX+GAMMA

So nicht!

Diese elenden Plakat-Vandalen!

Null Respekt haben die!

BADOUX+GAMMA

Der FCZ zeigt seine Schätze

« FCZ besiegt das Ungeheuer von Niederhasli »
Auguste Rodin

« Minute 93 »
Henry Moore

« 1896 Stripes »
Daniel Buren

« Ceci n'est pas Canepa »
René Magritte

BADOUX+GAMMA

Grosse Gefühle

Panel 1: Wir sind im Cup-Halbfinal...

Panel 2: ...und auf Meisterkurs!

Panel 3: Ich glaube, ich spüre den Frühling.

BADOUX+GAMMA

Der Millionentransfer

Panel 1: 2,98 Millionen für den Meistertitel ... — Ui!

Panel 2: ...plus 4,02 Millionen für den Cupsieg ... — Olalala!

Panel 3: ...das macht total 7 Millionen Busse fürs Abbrennen von Pyro. — Wow! — 40 Tonnen Pyro

PYRO D'ITALIA — DON PEPE — PYRO EN GROS

BADOUX+GAMMA

«Mehmedi!»

Panel 1: Mehmedi...

Panel 2: ...ich will ein Kind von dir!

Panel 3: ? ? ? ?
ZÜRCHER SÜDKURVE

Panel 4: Dafür bist du viel zu alt!!!
MIER WÄND E HÜTTE SI! BABYHAUS

BADOUX+GAMMA

Der Ultra-Hooligan:
Chancen, Risiken, Nebenwirkungen

Prof. Dr. jur. et lic. phil. blick. Sörgeli erklärt die Welt

Der gemeine Südkurvler (Daleo vulgaris) ist männlich, kräftig, agressiv...

...von grosser Statur und intellektuell benachteiligt.

Er ist immer mit Pyro bewaffnet und ernährt sich hauptsächlich von Kokain.

BADOUX+GAMMA

Achtung!!! Kontrolle!!!

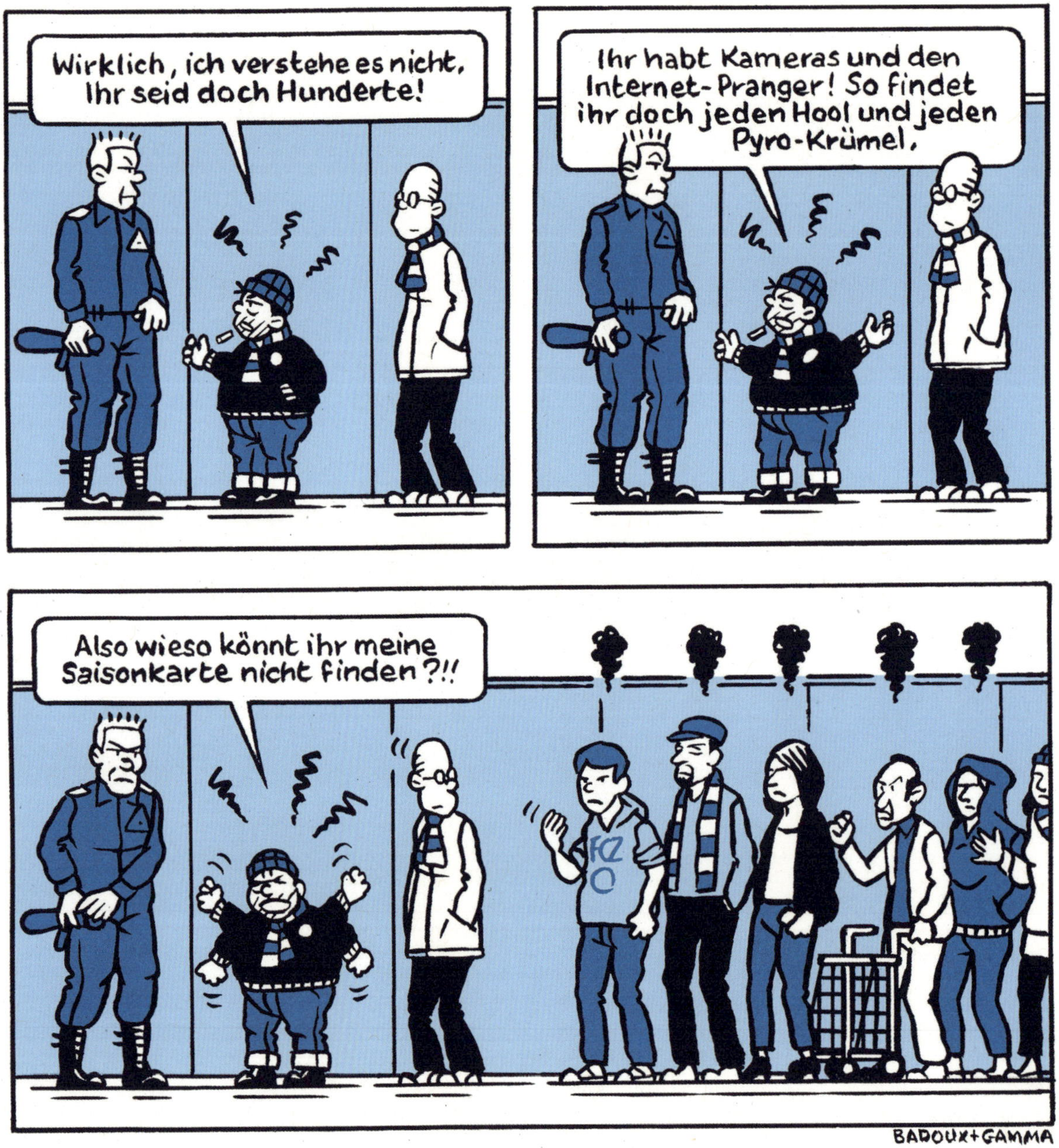

Die wichtigste Auszeichnung

Winterpause

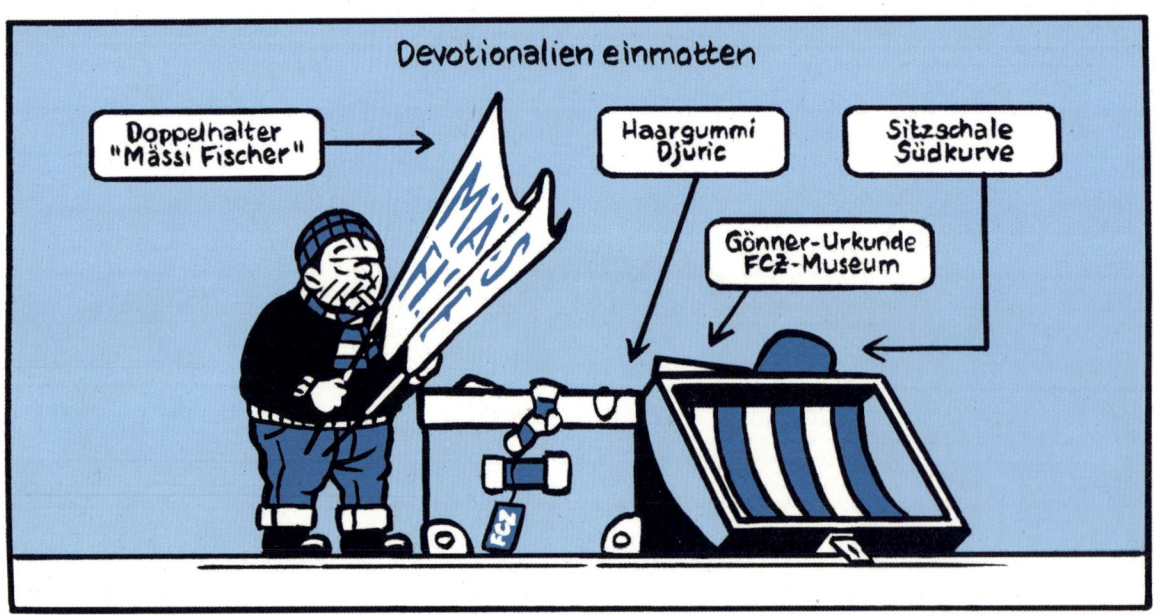

Devotionalien einmotten

- Doppelhalter "Mässi Fischer"
- Haargummi Djuric
- Sitzschale Südkurve
- Gönner-Urkunde FCZ-Museum

Pyrolager abschliessen

Hoffnung schöpfen

BADOUX+GAMMA

«Das isch d'Uufschtellig vo euisem FC Züri!»

Panel 1: Und so spielt der FCZ: Mit der 1 Felix Potthoff...

Panel 2: ...mit der 2 Vojislav Milivojev, mit der 3 Matti Väänänen, die 4 Muchtar Qunanbajuly, 5 Tshiamalenga Ntumba...

Wahnsinn, das ist Wahnsinn!

Panel 3: ...die 6 Wong Tijang Lao Tse, 7 Jean-Philippe Gainsbourg Chateau St-Denis, 8 Arnaldur Benediktsson frä Hofteigi...

Eine klitzekleine Winterpause und ich kenne unsere Spieler nicht mehr!

Panel 4: ...und mit der 9: Fritz Künzli.

BADOUX+GAMMA

Läufts?

Der Mai ist gekommen

Stan und die mysteriösen Visionen

SAISON 2012 2013

Was? Heute?

Vorahnungen

"Das Startspiel gegen Luzern war sehr ok!"

"Jep! Trotz dem späten Ausgleich."

"Aber aufgepasst! Wir dürfen jetzt nicht abheben!"

CHAMPIONS-LEAGUE WIR KOMMEN!

MIT EM FRINGER GAATS RINGER!

ZÜRCHER SÜDKURVE

GA-GA-GAVRANOVIC!

BADOUX+GAMMA

Das Sportdepartement der Stadt Zürich hat eine Idee

Stan! Raus aus dem legalen Pyroblock!

Die Stadt Zürich hat eine Idee

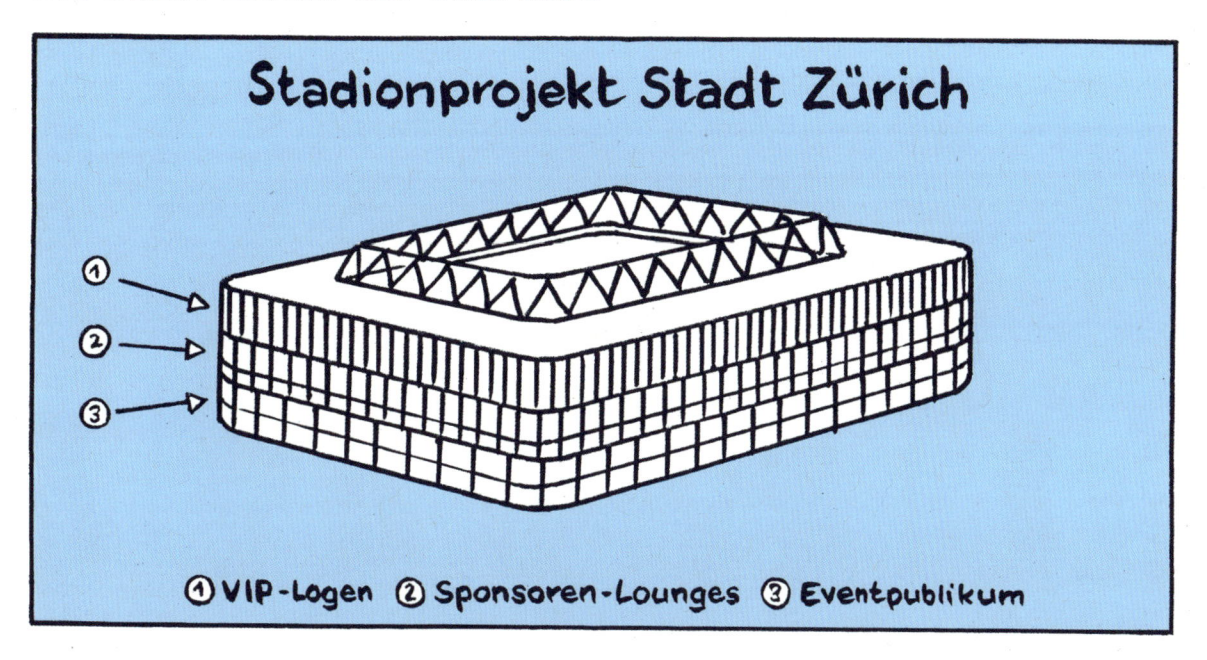

Stadionprojekt Stadt Zürich

① VIP-Logen ② Sponsoren-Lounges ③ Eventpublikum

Stadionprojekt Südkurve

① Feuerwerklager 1. August ② Feuerwerklager Sächsilüüte ③ Feuerwerklager Seenachtsfest

BADOUX+GAMMA

Achtung!!!! Kontrolle!!!!

"ID vorweisen!"

"ID ist geprüft. Der hat kein Stadionverbot."

Panel 1: Alk-Test bestanden. Sehr gut! Gratuliere!

Panel 2: Könnte ich noch die Saisonkarte sehen?

Shit! Wo hab ich jetzt die...?

BADOUX+GAMMA

Stans Vorsätze 2013

1. gesünder leben

2. mehr Sport treiben

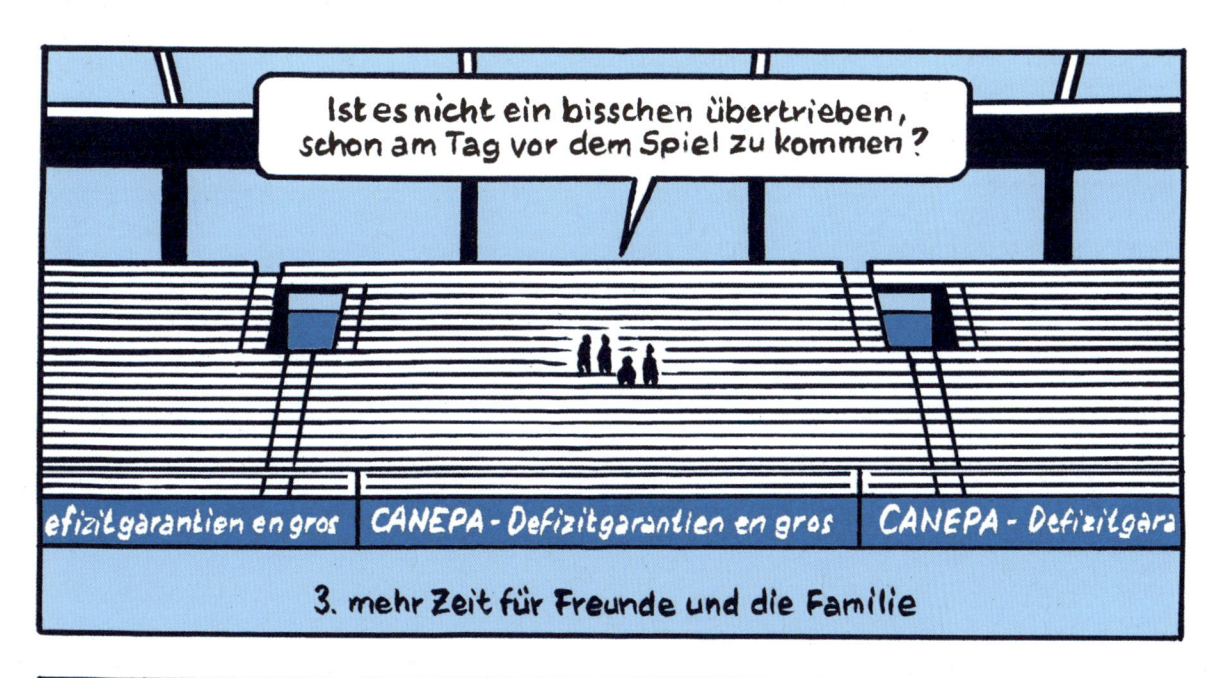

"Ist es nicht ein bisschen übertrieben, schon am Tag vor dem Spiel zu kommen?"

efizitgarantien en gros | CANEPA - Defizitgarantien en gros | CANEPA - Defizitgara

3. mehr Zeit für Freunde und die Familie

FCZ 11 — G 0
24:11

4. mehr FCZ-Siege bejubeln

BADOUX + GAMMA

Die Kurve schweigt

Göörps!
DIE KURVE S HWEIGT
PUMA
PSCHT!
PSCHT!
PSCHT!
PSCHT!
PSCHT!
PSCHT!
PSCHT!
BADOUX+GAMMA

Der Sprayer von Zürich

Ihr könnt mich jetzt raufziehen!

Stan wird immer besser!

BADOUX + GAMMA

Im Bierschaumbad

Oh, oh, ein Omen

Panel 1: Ich hab die Saisonkarte gefunden! Im Kühlschrank!!

Panel 2: Das letzte Mal, als sie im Kühlschrank lag, das war glaubs 2011 beim 5:0 auswärts gegen Luzern. — Ein gutes Omen!

Panel 3: Ein paar Biex später... — Heute war's leider ein Bad Omen.

Panel 4: Schmeiss sie wieder zurück! Aber ins Tiefkühlfach bitte!

Mässi an Chris Venetz + Staro Mato. BADOUX + GAMMA

Wo genau?

Panel 1:
- Da!
- Wo genau?

Panel 2:
- Rechts neben dem Schlachthof-Kamin.
- Seh nix.

Panel 3:
- Also bitte. Da! Links vom Käferberg.
- Ah! Jetzt seh ich ihn.

Panel 4:
- Ultradefensiv, unser neuer 6er!

BADOUX + GAMMA

Im Sektor D29

Der 12. Mann

Ich hoffe nur, sie kommen gut aus der Kabine.

Das kommen sie 100pro!

Wieso weisst du das?

Stan hat den Sponsorwettbewerb gewonnen. Schau, da!

BADOUX + GAMMA

Was Greenpeace in Basel konnte, das können wir besser

Hilfe! Das Scheissding klemmt!! Ich kann das Transpi nicht hochziehen!!!
Oha! Das Spiel hat bereits begonnen.
FCZ
93
eace
He! Was soll der Scheiss??
Weg mit dem Transpi!
Dini Muetter!
Mir wänd hütt was gsee!!
Sabotage!
BADOUX+GAMMA

CEO: Heliane

"Cillo, nur nebenbei. Ich restrukturiere gerade die Geschäftsstelle. Die Buchhaltung fusioniere ich mit dem Talentscouting und der Testspielkoordination."

"Was?!"

"Und die Fussballerinnen verdienen jetzt gleich viel wie die Männer."

"Aber Schatz!"

"Und deine Kicker-Sammlung habe ich gegen einen ägyptischen Stürmer eingetauscht."

BADOUX + GAMMA

Endlich die Seele baumeln lassen

Uschi sieht's

Panel 1:
– Ich erkenne deutlich, dass der FC Züri wieder Meister und Cupsieger sein wird.
– Äh, Uschi, kannst du es noch genauer sehen?

Panel 2:
– Der Titelgewinn ist an einem Dreizehnten!
– Krass super! Äh...

Panel 3:
– ...kann ich das Bier jetzt trinken?

USCHI'S BIERSCHAUM ORAKEL

ERFOLG IM BERUF · GLÜCK IN DER LIEBE · GARANTIERTE LOTTOZAHLEN · BIER, PYRO + DALEO

BADOUX + GAMMA

Vorfreude ist die schönste Freude

Irgendwie ...

Panel 1: Irgendwie bleibt mir von dieser Saison nicht viel in Erinnerung.

Panel 2: Der Cupsieg! Vergiss nicht den Cupsieg!!
Schönbi hat sich gefangen. Der war ordeli.

Panel 3: Und Rikan hat sich als guter Kauf erwiesen.
Und Gavranovic! Was wären wir ohne Gavranovic? Samt seinen Ohrfeigen!

Panel 4: Ich hab's! Ich musste diese Saison viel mehr aufs WC!
Stan, du wirst alt!

BADOUX + GAMMA

Fast alles wird besser

Battleship Letzigrund

Neues Derby, neues Glück! — **Ja!**

Nur zwei Dinge bleiben immer gleich.

Das Bier ist warm und die Wurst kalt.

BADOUX+GAMMA

Händ ue!

Ohne all diese grossherzigen Unterstützerinnen und Unterstützer wäre dieses Buch nie entstanden.

Mässi!

A wie «Abdi»
Julian Alexander
Dominik Allemann
Florian Altorfer
Daniel Ambrogini
Philippe Amrein
Sascha Anders
Anonyme Fanin
Colin Arthur
Christoph Asper

B wie «Botteron»
Stefan Bachmann
Caro Badoux
David Baer
Viktor Bänziger
Daniel Benz
Renato Bernhard
Lorenz Bertschinger
Ruedi Bisang
Marc Bissegger
Martin Bläsi
Daniel Blickenstorfer
Wolfgang Blösche
Christian Bohli
Simon Bolliger
Sandro Bösch
Daniel Bosshart
Scott Brand
Christian Brütsch
Michael Bucher
Christoph Bürge

C wie «Chikhaoui»
Adriano Chieffo
Adi Collenberg
Nico Collinacorte
David Conde

D wie «Džemaili»
Nelson da Silva
Manuela Dubach
Ivana Dubsky
Berto Beat Dünki
Michael Dürsteler
Philippe Duvanel

E wie «Elsener»
Thomas Eberhard
Stefan Erdin

F wie «Fischer»
Daniel Fleischmann
Carmen Flury
Jürg Fontana
Florian Frei
Stephan Frey
Marco Frigg
Frau Früh
Micky Früh
Fabian Furrer

G wie «Gygax»
Cécile & Rudolf Gamma
Christoph A. Gamma
Doris & Oliver Gamma
Peter Gamma
Michel Ganouchi
Robi Gassmann
Sophie Gassmann
Linus Geiges
Roman Giger
Olivier Giné
Expertentschonny Glättli
Schah Glättli
Tschilenora Glättli
Matthias Gnehm
Reto Grabovski
Philipp Graf
Raphi Gretener
Wim Gretener
Gion Gruenberg
Oliver Gruenberg

H wie «Huber»
Christina Häberlin
Susanna Häberlin
Markus Hafner
Sabrina Haldimann
Hallygally
Simon Handschin
Martin Hartmann
Stephan Hatt
Lorenz Hauser
Marcel Hauser
Celia Häusermann
Matthias Heer
Marc Hertig
Nino Hitz
Markus Hofmann
Fabio Höhener
Robert Huber
Stephane Hug
Gérard Huwiler
Ben Huwyler

I wie «Inler»
Sven Imhof
Stefan Ioli

J wie «Jerkovic»
Roger Jost
Mike Jucker

K wie «Kuhn»
Andreas Keller
Christian Kessler
Boni Koller
Karam Kontar
Sasha Krasnobajew
Chris Kubler
Philip Künzler
Daniel Künzler

L wie «Lüdi»
Samira Landolt
Marco Lattmann
Marco Leanza
Markus Leiser
Pierre Lerch
Tanja Lörtscher
Nik Lütjens
Michael Lütscher

M wie «Mehmedi»
Beni Mahler
Maloney
Sandro Marchetti
Perla Mateo
Samira Matta
Christof Meier

Pascal Meier
Josy Meier
Nicola Meili
Kaspar Meng
Patrick Meuri
Anna Meyenberg
Res Mezger
Pete Mijnssen
Mark Misteli

N wie «Nonda»
Netstream AG
Gilbert Nigg
Patrick Nussbaum
Pascal Nydegger

O wie «Okonkwo»
Winfried Oeler

P wie «Panchito»
Patrons Club Zürich
Andreas Pätzold
Saro Pepe
Werner Pfeiffer
Kevin Pfister
Gina Pigagnelli
Andreas Preis

Q wie «Quentin»

R wie «Rodriguez»
Dieter Ramp
Roland Ramseier
Denis Ravasio
Nino Renner

Steff Renner
Bruno Rhomberg
Amanda Ringgenberg
Chantal Risler
Peter Rodel
Peter Rosenberger
Barbara Roth
Stephan Roth
Daniel Rusch

S wie «Shorunmu»
Enzo Salis
Markus Schärer
Patrik Schibli
Stefan Schibli
Benjamin Schlüer
Pascal Schönenberger
Stephan Schubert
André Schweizer
Marco Spörri
Hanspeter Steiner
Sternen Grill
Vänçi Stirnemann
Make Storrer
Thomas Straubinger
Christian Stutz
Sandro Sulcis
Nicole Suter

T wie «Tihinen»
Marcel Tappeiner
Edi Torres
Turbinenbräu AG

U wie «Unternährer»

V wie «von Bergen»
Ivana van der Ploeg
Martin Vogt

W wie «Waas»
Severin Walser
Dorothea Walther-Lindt
Manuel Waser
Roberto Waser
Saskia Wernle Wonschak
Louis-Paul Wicki
Thomas Widmer
Moritz Wolf
Mikael Wonschak

X wie «~~GC~~»

Y wie «Yekini»

Z wie «Zappa»
Mauro Zimmermann

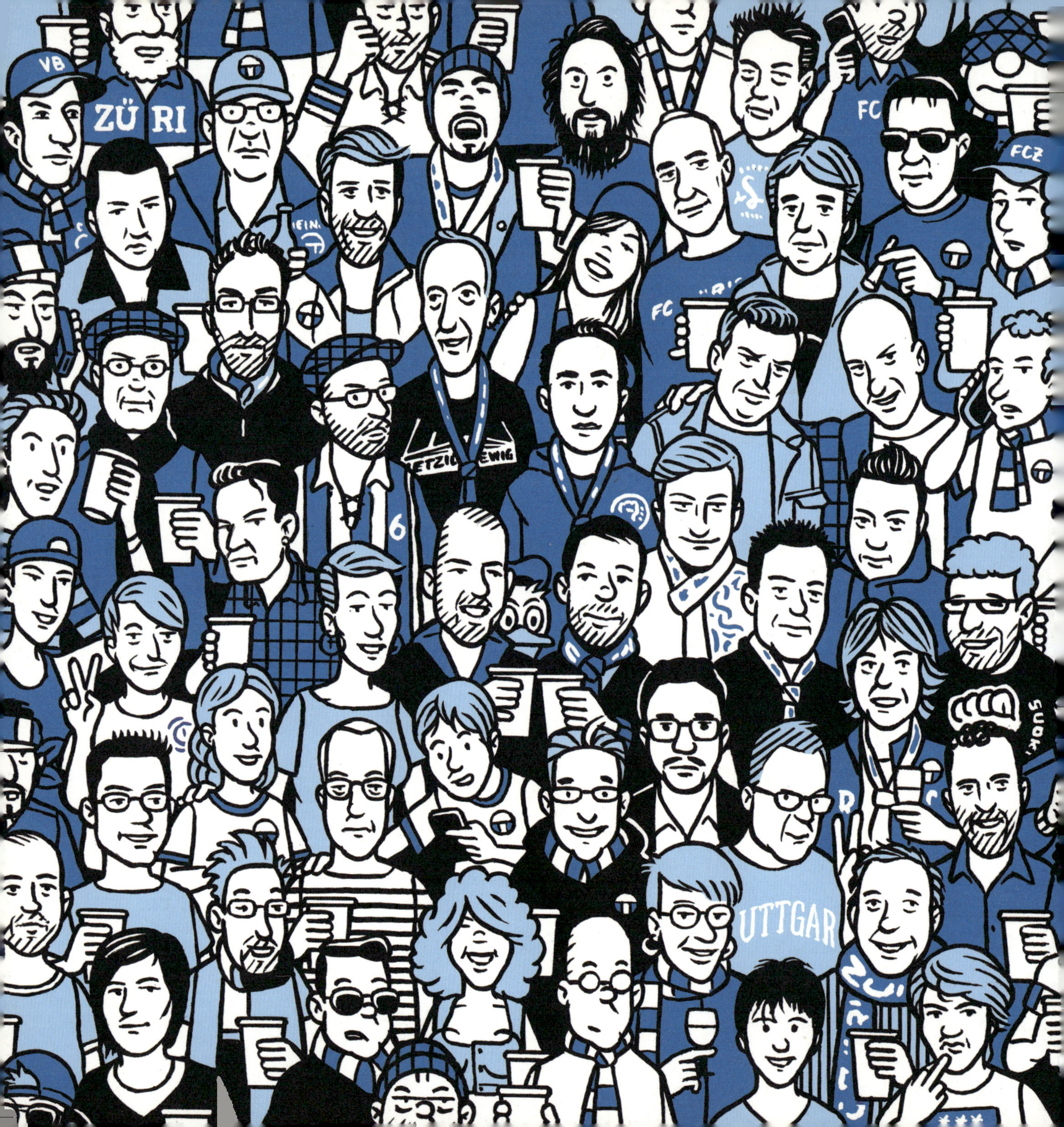
VB
ZÜRI
FC
FCZ
FC
UTTGAR